Dieses Buch ist von:

____

für:

____

Vorwort

In Zeiten der Digitalisierung und Onlineshopping, sind
persönliche Geschenke eine wahre Rarität geworden.
Aber wie kann man ein persönliches Present erstellen,
das den heutigen Erwartungen von Ästhetik und Nutzen
gerecht wird? Geschriebenes kann schnell verknüllt
werden und Gebasteles endet als Staubfänger.

Ein unelektronische Form der Erinnerungen

Genau hier setzt unser 'Write and Give' Buch an. Eine
Schrift voller persönlicher Erinnerungen um beim lesen
in der Vergangenheit zu schwelgen oder für gelegent-
liche Schmunzler.
Verschenke Erlebtes in Textform und zeige der Person,
die du liebst wie viel sie dir bedeutet zusammengefasst
und gebunden mit ansprechendem Cover in diesem Buch.

Wir wünschen euch beiden, dem Schenkenden und dem
Beschenkten, viel Spaß mit diesem Journal und hoffen,
dass so manch vergessene Momente wieder aufleben
können.

Anwendung für den Schenkenden

Arbeite dich Stück für Stück durch das Buch und fülle es mit Erinnerungen, Wünschen oder Zeichnungen. In dem Buch findest du Buchstaben-Seiten und Seiten mit Fragen. Deiner Vorstellung sind keine Grenzen gesetzt wie du enstsprechende Stellen befüllst.

Nehme dir also viel Zeit und mache das Buch zu einem persönlichen unvergesslichen Gesschenk.

  Urlaubserlebnisse

Zwischen uns liegen
xx Jahre auseinander  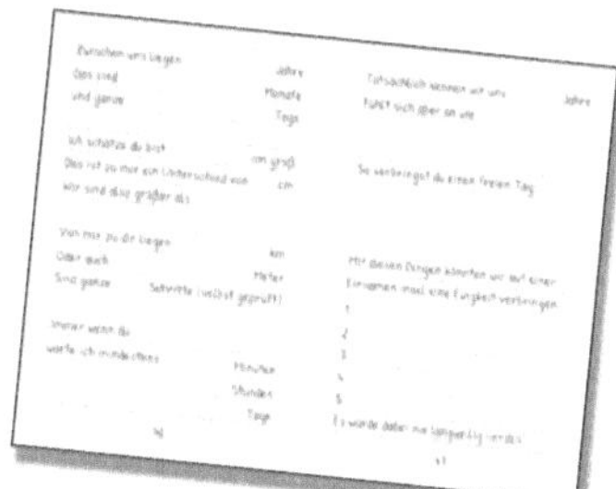

Anwendung für den Beschenkten

Lese dieses Buch mit allergrößter Sorgfalt und denk daran wie viel du der Person bedeutest, die dir dieses Buch geschenkt hat. Viel Spaß!

"

Jedem **Anfang** wohnt ein Zauber inne!

Hermann Hesse

"

Besondere Menschen erkennst du daran, dass sie dich berühren ohne ihre Hände zu benutzen.

Unbekannt

„

Gib jedem Tag die **Chance**
der schönste deines
Lebens zu werden.

Marc Twain

Wir kennen uns von:

Weißt du noch als...

Das mochte ich sofort an dir:

Dinge, die wir früher gerne gemacht haben:

Meine schönsten Erinnerungen mit dir...

Ich bin dir dankbar für:

"

Freude ist die einfachste
Form der **Dankbarkeit**.

Karl Barth

„

Ehrlichkeit verschafft dir
vielleicht nicht viele Freunde,
aber dafür die richtigen.

Unbekannt

"

Freundschaft das ist eine Seele in zwei Körpern.

Aristoteles

Deine Lieblingssongs:

Filme, die du besonders magst:

Deine Hobbys sind:

Am liebsten isst du:

Deine Lieblings Reiseziele:

So verbringst du einen freien Tag:

Lieblingsfarbe, -tier, -jahreszeit:

Dein größter Traum ist:

„

Das **Glück** kommt zu
denen, die lachen.

Japanische Weisheit

"

Man sieht nur mit dem **Herzen** gut. Das Wesentliche ist für die Augen unsichtbar.

Antoine de Saint-Exupéry

"

Du und **ich**: wir sind eins.
Ich kann dir nicht wehtun
ohne mich zu verletzen.

Mahatma Gandhi

Zwischen uns liegen   Jahre

Das sind   Monate

und ganze   Tage

Ich schätze du bist   cm groß

Das ist zu mir ein Unterschied von   cm

Wir sind also größer als

Von mir zu dir liegen   km

Oder auch   Meter

Sind ganze   Schritte (selbst geprüft)

Immer wenn du

warte ich mindestens   ☐ Minuten

                                            ☐ Stunden

                                            ☐ Tage

Tatsächlich kennen wir uns   Jahre

Fühlt sich aber an wie

Was wir am liebsten gespielt haben:

Mit diesen Dingen könnten wir auf einer

einsamen Insel eine Ewigkeit verbringen:

1.

2.

3.

4.

5.

Es würde dabei nie langweilig werden!

"

Es sind nicht die **Jahre** deines Lebens, die zählen. Was zählt ist das Leben innerhalb der Jahre

Abraham Lincoln

"

Freundschaften sind wie Brücken, die uns mit all Ihrer **Kraft** über die Höhen und Tiefen des Lebens tragen.

Unbekannt

Die wirkliche **Liebe** beginnt da, wo keine Gegenliebe mehr erwartet wird.

Antoine de Saint-Exupéry

Zeichenrunde: Male in die freien Felder um an ein Erlebnis oder einen Insider zu erinnern. Erlaubt ist alles. Von Kunstwerken Bis hin zu einfachen Symbolen. Es sind der Kreativität keine Grenzen gesetzt.
Der Beschenkte hat daneben Platz um zu erraten, was gemeint ist.

"

Mut steht am Anfang des Handelns, Glück am Ende.

Demokrit

> Bleib in der **Nähe** von Menschen, die sich wie Sonnenschein anfühlen.

Unbekannt

"

Eine Welt **ohne** Freundschaft
ist eine Welt ohne Sonne.

Monika Minder

"

Persönlichkeiten, nicht
Grundsätze, bewegen
das Zeitalter.

Oscar Wilde

Das waren wir früher:

Das sind wir heute:

> **99**

Die **Qualität** eines Menschen
hängt entscheidend von seiner
Echtheit ab.
Jürgen Seifert

> **"**
>
> Was wäre das Leben, wenn wir nicht den Mut hätten etwas zu **riskieren**?

Vincent van Gogh

"

Einen **sicheren** Freund erkennt man in unsicherer Sache.

Cicero

"

Ein **Tag** ohne
ein Lächeln ist
ein verlorener Tag.

Charlie Chaplin

Eine Geschichte, die ich dir schon immer beichten wollte:

> Um etwas Großes zu erreichen,
> darf man nicht vergessen,
> den kleinen Dingen sein
> Herz zu schenken.
> Unbekannt

> **"**
>
> Im Grunde sind es doch **Verbindungen** mit Menschen, die dem Leben seinen Wert geben.
>
> Otto von Bismarck

> "

Ein bisschen Freundschaft ist mir mehr **Wert** als die Bewunderung der ganzen Welt.

Wilhelm von Humboldt

Wenn du ein Superheld wärst, dann wärst du:

Das liebe ich an dir:

Darüber spreche ich mit dir am liebsten:

Diese Farbe steht dir besonders gut:

Du bist ein guter Mensch, weil:

Hierbei bist du ganz klar mein Vorbild:

An dich muss ich immer denken, wenn...

Das sollten wir öfter tun:

> ”

Wenn du nicht vergeben
kannst, vergiebst du zu viel.

Xavier Naidoo

„

Zusammen werden wir immer mehr sein als die Summe unserer Teile.

Paul **Young**

"

Zufriedenheit ist ein stiller Garten, in dem man sich ausruhen kann.

Markus Weidmann

Ich hoffe, dass wir in 10 Jahren....

Auf folgendes Ereignis freue ich mich:

Wenn wir beide alt sind sollten wir:

Das wünsche ich dir von ganzem Herzen:

Vielen Dank!

Wir hoffen, dass euch das Buch gefallen hat.
Über eine Bewertung oder Verbesserungs-
vorschläge würden wir uns sehr freuen!

Impressum:

Lem N Lov Publishing
vertreten durch:
Julia Kirberger &
Oliver Al Kass
Alle Rechte vorbehalten.

julia.kirberger@gmail.com
oliver.alkass@gmail.com
Landauer Straße 3
67346 Speyer